Индийская философия и религия

Шям Мехта

Шям Мехта, 1952 – 2009
Индийская философия и религия

Том 14, Собрание Центра Любящего Сердца

ISBN 1-4121-5211-9

Электронная почта: love@lovingheartcentre.net
Наш адрес в Интернет:
www.lovingheartcentre.net

Предисловие

Как младенец или ребенок не может расти сам по себе, так и Вы сами по себе не можете прийти к своей вере. Это невозможно. Чем больше усилий Вы прилагаете, тем большая гордыня охватывает Вас. Неудача постигнет Вас.

В древнеиндийской традиции, гуру, духовный учитель подбирал подходящих учеников, чтобы помочь им. Сегодня нет учителей, чтобы прийти к Богу.

Жизнь в стремлении к религии намного более трудна, чем когда бы то ни было.

Вам нужна стратегия. В моих пяти книгах серии «Совершенствование Ваших энергетических полей» я дал Вам всю необходимую информацию для формирования собственной стратегии. В моей шестой книге «Духовное и религиозное путешествие» я изложил процесс религиозного развития.

Людям нравится покупать большие тома книг. Длинные романы предпочтительнее коротких, как и большой автомобиль – малому. Чтобы моя работа стала доступней, я старался сделать книжки краткими. В этой книге я часто пользуюсь «точечным» стилем так, чтобы можно было бы быстро ухватить суть вопроса, без сумбура излишних слов.

Название данной книги включает в себя слова индийской философии, а не индийских философий.

Шесть классических философий Индии были разработаны философами, имеющими свои специфические точки зрения. Один философ верил в материализм, и излагал философию, в которой говорилось, что Вы можете делать что хотите, а остальное значения не имеет. Другой, адваита, отчасти исходил из высказываний личного Бога Шри Кришмы, говорящего, что нет личного Бога.

Для философии жизни Вам нужно слишком много: совокупность Ваших взглядов, с гипотезами и выводами. Философия у каждого своя.

В древности, с 700 г. до н.э. по 1200 г. н.э., образованные люди в Индии обладали честностью. Если они представлялись неправыми, они признавали поражение своей логики и принимали на вооружение новые идеи. Этому была причина. Индией правили персы.

Персы той эпохи были известны под названием «варвары», данное им греками: таково происхождение этого слова. Индийские философы того времени изобрели философов, чтобы устраивать своих варварских правителей. Если, работая на короля, Вы представлялись неправым, Вы, вероятно, погибали.

Это – основная причина того, что все науки и философии имеют индийское происхождение: персидские короли способствовали развитию этих предметов.

Медицина, математика, астрономия, сексология, помимо философии – все произошли из Индии и со временем распространились в Китай, Японию, а также Персию, Грецию и далее в Рим.

Даже если темы не были полезны, у тогдашних индийских служителей культа был сильный стимул выступать с новыми идеями и энергично их продвигать.

Другие индийцы, не сотрудничающие с варварами, находились в тесной связи с природой. Он были сбиты с толку, приводя доводы в пользу системы, которую другие могли видеть логически порочной.

Итак, поэтому, один за другим, философы материализма, логики, адваита, Буддизма и т.д. были продемонстрированы неправильными.

Одна из проблем, с которой столкнулись «не специалисты» в индийской философии, заключается в том, что философы и религиозные лидеры делают смелые авторитетные утверждения, которые просто неверны.

Приведем Вам пример. Свами Сивананда авторитетно утверждает, что вся цель Брахма Сутрас – в демонстрации читателю того, что отождествление человека с его телом служит источником всех болезней в мире. Он говорит, что такие утверждения, как «Я толстый» или «Я доктор» подразумевают, что человек верит в то, что он и есть его тело.

При размышлении знающий читатель поймет, что такие утверждения господина Сивананда просто неверны.

Но когда он говорит, что цель Брахма Сутрас заключается в опровержении такой предполагаемой веры, Вы не можете воспользоваться здравым смыслом, Вам просто нужно предполагать, что он читает текст и делает в некотором роде авторитетное утверждение. Это неверно. Он может и читал текст, а может и нет, на самом деле он текст читал, поскольку написал комментарий к нему на 582 страницах.

Но в Брахма Сутрас нет такого ложного утверждения в качестве главной темы. Он просто не говорит правду.

Предлагаю читателю сделать собственный вывод о такой разнице между тем, что говорит лидер секты Сивананда, и тем, что говорю я и что говорят Брахма Сутрас. Очевидно, я надеюсь, что Вы мне верите, а если нет, то советую Вам просто прочитать Брахма Сутрас. Их можно без труда скачать из Интернета, по крайней мере на английском языке.

Господин Сивананда имеет такую предвзятую философскую склонность и ему предположительно говорил его учитель об этом, а именно – что на этом сосредоточены Брахма Сутрас.

Такая, по-видимому, невинная вера в то, что источником всех проблем является неправильное отождествление Вас со своим телом, становится обоснованием философии адваита, которая в 11-м веке была продемонстрирована порочной. Поскольку вера в персонального Бога отсутствует, эта философия, глупа она или нет, становится все более и более популярной среди ученых.

В конечном счете в Индии осталась одна вразумительная, согласующаяся сама с собой философия, Висиштадваита. Эта философия не была раскрыта человеку Богом, а была тщательно составлена великим философом Рамануджей в 11-м веке нашей эры. С персами Рамануджа не сотрудничал.

Как это случается, Брахма Сутрас были якобы написаны Вясой, человеком, считавшимся написавшим большую часть из индийских священных книг за 500 лет или так, что они были написаны.

Он чрезвычайно почитался всеми (предположительно, отчасти вследствие своего возраста). К сожалению, для Висиштадваиты, она также была стеснена тем, чтобы не противоречить чему-либо, о чем можно узнать из Брахма Сутрас.

Отныне Висиштадваита также принимает единственный постулат о том, что неправильное отождествление Вас со своим телом служит источником всех болезней. Поскольку Висиштадваита является наукой, помогающей Вам в продвижении к Богу, более естественной гипотезой для нее, было бы то, что источником всех болезней в мире служил недостаток контакта с или знания о Боге.

Философия как абстрактная наука, дающая теоретическую информацию, является тратой времени.

Индийская философия – это не трата времени. Она дает полезную человечеству информацию для эволюционирования во всех аспектах жизни.

Я назвал книгу «Индийская философия и религия», но такой вещи, как «индийская религия», не существует. Есть религия.

О религии лучше всего думать, используя слово «религиозный». Религиозен ли я? Придерживаюсь ли я этических принципов и делаю ли угодное Богу?

К сожалению, слово «религия» было похищено догмой. Книги, не являющиеся словом Божьим, называются «святыми». Слова людей принимаются как проповедь. Насилие приемлемо, если кто-то утверждает, что является сторонником той или иной «веры».

Все это не относится к делу. Вы, читатель этой книги, будете или не будете религиозным. Это зависит от Вас.

Религиозны ли Вы?

Посмотрим на заслуживающее доверия место – Индию, где конкретно Вы найдете много государственных праздников, мест паломничества, ятра и фестивалей.

Фестивали не имеют отношения к религии. Места паломничества не относятся к религии. Ниже я перечисляю несколько туров, которые, как полагают специалисты www.pilgrimage-india.com/indian-religion/, Вам следует пройти, а я нет.

- Бадринат Ятра (7 D)
- Тур по местам буддистского паломничества (15 D)
- Чар Дхам Ятра (10 D)
- Церкви юга (14 D)
- Хемкунд Сахибджи и Сри
- Тур по местам индусского паломничества (15 D)
- Туры к храму Джаин (5 D)
- Паломничество мусульман (7 D)
- Тур по храмам южной Индии (15 D)
- Духовный опыт (11 D)
- Тур Ваишно-Деви (3 D)

Шям Мехта

Центр Любящего Сердца

www.lovingheartcentre.net

13 января 2006

Содержание

Введение

Индия имеет много духовных и религиозных традиций.

Ниже приводятся основные религиозные тексты и источники знаний об индийской философии:

- Ведас и Упанишадс
- Бхагавад Гита, Махабхарата, Рамаяна
- Йога Сутрас мудреца Патанджали
- Итихаса (показывающий величие воплощения или спусков Бога к миру)
- Пуранас (описывающий космический порядок)
- Пурва мимамса – философия карман или долга (по Джаимини), ведущая к Уттара мимамса – философии Брахман (по Бадараяна)
- Агамас, включая Панкаратру, руководства для практической реализации истин Ведик
- Тамиль Веда, песни Тамиль Адварс или святых

Многие философы старались суммировать знания этих исходных текстов. Я это делаю в своих двух книгах «Восемь священных текстов Индии» и «108 голов лорда Патанджали».

Другая философия, то есть Висиштадваита, не уступает:

- Окончательным вопросом философии и предметом поисков религии есть знание Брахмана (Бога)
- Высшей Реальностью мироздания, Одним без второго, есть Брахман
- Высшим источником такого знания есть састра (священная книга)
- Бог обладает важными атрибутами беспредельной любви, знания, красоты, истины, добродетели и блаженства
- Бог есть внутреннее «само» всех существ (джива), что, вместе с материальным миром, образует часть тела Бога
- Бог проникает в нас с целью нашего совершенствования и передачи Его естества посредством любви
- Все дживы обладают врожденной одухотворенностью и возможностью спасения души

Висиштадваита

- Обеспечивает всеобъемлющий анализ и объяснение всего того, что Вам нужно для познания своего религиозного пути

- Излагает опустошительные критические отзывы других философий, таких как адваита и буддизм
- Принимает из других систем то, что является истинным, хорошим и прекрасным
- Является необходимым чтением для любого, кто постоянно занимается духовным или религиозным совершенствованием

Философия йоги Патанджали, как изложено в его «Йога Сутра», имеет другую отправную точку: потребности, как для духовной, так и для религиозной практики.

Приведя такую разницу, не удивительно, что они испускают свет на разные аспекты реальности. Висиштадваита принимает йогу как средства практики, а йога принимает священную книгу как бытие, необходимое для постоянно занимающегося йогой: две дополняющие друг друга вещи.

Следует отметить, что две философии имеют идентичную точку зрения, даже если одна происходит от человека (Висиштадваита была разработана Рамануджей в 11 веке н.э.), а другая происходит от предполагаемого олицетворения Бога (мудрец Патанджали, будучи согласно индийскому традиционному мышлению, божественной коброй, на которой покоится Бог).

Признательности

Рамануджа по йоге, Католический Лестер, 1976 г., Библиотека Адяр

Рамануджа по Бхагавад-Гита, JAB Ван Буйтенен, 1968 г., Мотилал Банарсидасс

Сри Рамануджа Гита Бхася, Свами Адидевананда, 1983 г., Математика Сри Рамакришна

Философия набожности, JC Плот, 1974 г., Мотилал Банарсидасс

Философия Висиштадваита, PN Сринивасачари, 1943 г., Библиотека Адяр

Брахма-Сутрас, Сри-Бхася, Свамис Виресварананда и Адидевананда, 1978 г., Монастырь Адваита

Сущность Упанишадс, МР Пандит, 1969 г., Публикации Дипти

Индийская философия и религия является сложным предметом и, следовательно, для объяснения нужно ссылаться на различные работы.

Шям Мехта, Центр Любящего Сердца
www.lovingheartcentre.net

Я особенно в долгу перед Богом, BKS Иенгаром и его сыном Прашант Иенгаром, эту работу посвящаю Сри Мата Амританандами Деви (Амма) и моей матери госпоже Сильве Мехте.

Глава 1: Покаяния

- Перед тем, как читать эту книгу, Вы можете также узнать определенные незначительные подробности.

- Книга основывается на Висиштадваите и философии йоги, но не следует этим двум великим философиям подобострасто или глубоко.

- В терминах Висиштадваита, это – безупречная прекрасная философия. Однако, по своей природе философия начинается с предположений, проводит анализ, а затем приходит к выводам. Некоторые предположения Висиштадваита таковы, с которыми я не полностью согласен, например:

    - она предполагает, что Бог со спасительной снисходительностью проникает в предметы вероисповедания, такие как статуи в храмах, которые освящены бхакти (любящим воспоминанием Бога) и мантрой (заклинанием во имя Бога)

    - строгость кармана (закона о причине и следствии, справедливости) подавляется спасительной любовью (крпой). Мое предположение заключается в том, что Бог справедлив. Если Вы сделаете что-нибудь неправильное, Вы пострадаете за это. Он может простить Вас и позволить Вам прийти к Нему, но карман (справедливость) никогда не попрать.

    - душа является вечной божественной сущностью. Я предполагаю, что она была создана Богом в соответствии с традиционной мудростью в священной книге Хинду

    - душа неизменна. Я предполагаю, она меняется с увеличением знаний, разнообразного опыта и так далее

    - основная проблема души заключается в том, что она обманным образом отождествляет себя с телом в результате ахамкара, или самоощущения. Я полагаю, что это недостаток знаний, приводящий к выполнению плохих выборов, что в свою очередь ведет к рождению и упадку

    - собственная личность имеет добрый, смешанный или злой характер. Не верю, что Бог создал зло в мире. Я скорее предполагаю, что Он позволяет людям делать, что они хотят, что не является злыми намерениями, а введением в заблуждение

- В терминах философии Йоги, как искренний приверженец Бога, я верю, что Йога Сутрас – работа Бога (но написаны человеком, прямо как например, эта книга пишется человеком), предназначенной для помощи искренним последователям Бога и для наказания тех, кто удовлетворен или кто не верит в Бога и все же высказывает свое мнение по пути йоги к Богу

    - Следовательно, философия, изложенная в йога сутра, является во-первых не полной и во-вторых не без простора для разных мнений. Если Вы читаете Йога Сутрас (как, признаюсь, сделал я), Вы обнаружите, что нет многих строф, которые специфически излагают связную полную философию.

Такой вещи, как философия йоги, нет. Это – миф, распространенный философами и учеными. На протяжении всей моей книги о Йога Сутрас, «108 голов Лорда Патанджали», я обсуждаю это.

- Один философ или ученый утверждает, что она говорит это, а другой утверждает, что она говорит то.

- Все они говорят, что они основывают свои замечания на предположении, что работа является сторонником философии Самкхя.

- Следовательно, когда они говорят, что философия Йоги говорит «это», они подразумевают, что философия Самкхя говорит это. Любой разумный человек поймет разницу.

- В терминах использования слова «индийский» в названии данной книги, это – небольшое преувеличение. Я родился в Англии, а мой отец – индиец. Заголовок можно было бы перефразировать заменой «индийский» на «Шям». Философия – индийская в том смысле, что она крепка и вмещает полезное содержание, лучше, чем, например, западная философия. Идеи – полностью индийские. Оставляю все научные споры и возможное взыскание своим читателям.

- Небольшой спорный вопрос, который есть у меня в связи с заглавием книги – я не верю, что «Религия» может характеризоваться как индийская, не относящаяся к Богу. Следовательно, я использовал слово Философия первым. Религия всегда приходит первой, но я хотел выставить первой индийскую философию. Я, действительно, очень сожалею об этом.

- Все наилучшие идеи произошли от Рамануджа, основателя Висиштадваита, а не от меня. А самые-самые лучшие идеи, содержащиеся в индийской философии и религии, пришли от Бога.

- Как это иногда случается на исповеди, кто-то признается лишь в незначительных грехах. Обычный католик не мечтает о своем признании в преступлении полиции

Католицизм главным образом основывается на надежде, что исповедуясь без риска возмездия, Вы не подпадаете под правосудие, а лишь получаете прощение. Также, в основном, чтобы произвести впечатление, они исповедуются в больших преступлениям. Естественно, поскольку кто-то знает, что священник не собирается никоим образом наказывать Вас, он склонен произвести впечатление. Отсюда следует вышесказанное.

- По-прежнему, мне нужна защита. Моя защита в том, что ни один читатель не захочет составить схему философий, которые продемонстрированы ложными, внутренне непоследовательными. Отсюда пропуск описания или включение пяти из шести традиционных «ортодоксальных» философий. Однако, ниже я выделяю в общих чертах основные пороки в этих философиях.

- Шестая, философия йоги, примечательна отсутствием философской концепции: как я уже сказал, существует несколько сутр только в единственном тексте, который каждый воспринимает как абрис философии йоги, который очерчивает философию.

Лишь потому, что все философы и ученые в мире говорили и говорят, что философия йоги является философией, не означает, что это так. Вам нужно прочитать Йога Сутрас мудреца Патанджали (или, если предпочитаете, как захотите, мою книгу «108 голов Лорда Патанджали»), чтобы понять для себя, что то, что говорю я – правда. Мудрец Патанджали сыграл ловкую шутку с работавшими философами. Вообще, это не добавляет уважения индийской мысли называть философию йоги философией.

- Отсюда потребность в созидании. Меня всегда привлекала Висиштадваита и Рамануджа был в самом деле ее основателем, кто опровергнул пять и был скорее критичен к шестой. Он вряд ли мог преуспеть в критике шестой по той простой причине, что автор пользовался репутацией олицетворения Бога.

Поэтому он лишь сказал, что не согласен с ней в отношении двух, или около этого, строф имеющих философское содержание. Это был отважный поступок, но он подкреплялся критикой другого уважаемого мудреца, Вяса.

Вяса был плодовитым писателем для персов и хорошо известным всем индийским ученым, написавшим многие свои Божьи труды.

- Тем не менее, с моей точки зрения, Рамануджа был ограничен проживанием в обществе, где ритуал был неизменен и где священные тексты должны были одобряться на словах. Следовательно, некоторые из его допущений в этой седьмой, неортодоксальной, индийской философии были, на мой взгляд, неразумными или могли бы быть заменены лучшими с большей пояснительной силой.

Такой процесс замены допущений в науке лучшими на Западе называется «научным прогрессом». Читатель может без труда увидеть, насколько моя философия отличается от той, что у Рамануджи, поискав такого рода болтовню, как «мое предположение таково».

- Почему философия Рамануджа до сих пор была единственной выживающей индийской (и, следовательно, мировой) философией, обладавшей полезными выводами и безупречной логикой, называемой «неортодоксальной»? Потому что его философия была новой: на 1600 лет позже тех философий, которые он успешно раскритиковал. Просто потому что что-нибудь новое не означает, что это не индийское. В дальнейшем, как в любой науке, если это не переживет критики, то это – не наука или действительно философия.

- Мне следует заметить, что ученые и брамины любят обстоятельно дискутировать по поводу шести классических индийских философий. Это всегда является их отправной точкой. Никакой философ не отмечает их суровую критику Рамануджей. Это потому, что им не нравится рассматривать труд, имеющий религиозный компонент.

Любая философия с предположениями, однако, абсурд может рассматриваться будто заслуживающим обсуждения, пока в нем нет предположения, что Бог существует. Таков характер ученого спора: обсуждать ученые проблемы, которые не уместны или просто неправильные.

- Эта книга, и конечно Рамануджа, принимает другую отправную точку. Бог существует и позволяет нам делать такое предположение. Исходя из этого и других разумных предположений была построена философская наука. Кое-что полезное для Вашего жизненного развития. Выводы из этих философий, на мой взгляд, соответствуют фактам.

Три таких составляющих: разумные предположения, безупречный анализ и выводы, которые полезны и соответствуют фактам – это то, что требуется в любой науке. Если Вы проведете собственный анализ, то можете обнаружить, что в мире нет иных философий, которые являются научными.

- Чтобы облегчить Ваше суждение, здесь приводятся некоторые выводы из других «философий»:

Философия Няя

В философии Няя имеются двадцать четыре свойства или характеристики всех созданных вещей.

1 рёпа, форма, цвет;
2 раса, привкус;
3 гандха, запах;
4 спарша, осязаемость;
5 самхья, число;
6 пирамама, размер;
7 пемтактва, раздельность;
8 самёга, соединение;
9 вибхара, разделение;
10 паратва, отдаленность;
11 апаратва, близость;
12 гурутва, вес;
13 драватва, текучесть;
14 снеха, тягучесть;
15 шабда, звук;
16 буддхи или джнана, понимание или знание;
17 сукха, удовольствие;
18 духкха, боль;
19 исча, желание;
20 двеса, отвращение;
21 праятна, усилие;
22 дхарма, заслуга или достоинство;
23 адхарма, недостаток;
24 самскара, способность самовоспроизводства.

Я взял этот список с http://en.wikipedia.org/wiki/Rajas, стандартного веб-источника информации, так что читатель может решить для себя, насколько большая важность придается философии Няя.

Мимамса

Следующие две философии из шести традиционных философий Индии называются Уттара и Пурва Мимамса.

Здесь – то, что http://philtar.ucsm.ac.uk/encyclopedia/hindu/ascetic/mimamsa.html говорит об этих двух «великих» «философиях».

«Пурва Мимамса иногда называется Дхарма Мимамса, так как это – исследование в дхарме, установленное Ведасой. Другим названием является Карма Мимамса, так как это главным образом имеет отношение к жертве (карман).»
«Основным текстом является Мимамса Сутра Джаимини, древний мудрец. Мимамса обстоятельно рассматривает ритуальные команды в Ведасе и игнорирует гимны и многое другое.

Мимамса Сутра описывает различные жертвы и для чего они, и вырабатывает теорию апурва, которая является таинственной, необыкновенной силой, производимой правильно выполненным жертвенным ритуалом, не посредством действия богов.

Результаты жертвы часто являлись после смерти человека, выполняющего ритуал. Веда являются неизменными и существующими извечно, исключая таким образом свое божественное происхождение. Они являются выражением в священных словах неизменного, ритуального и морального порядка мира. Поскольку мир вечен, идея Бога как первопричины является излишней. Джаимини также отвергает божество как создателя связи слова со смыслом, говоря, что эта связь врожденна.»

Привлекательность Буддизма и пяти из шести «философий» древней Индии для современных ученых состоит в том, что никто из них не верит в Бога. Для них не имеет значения, что делает Мимамса с ритуальной жертвой. Поскольку это атеистическое и лучше любой западной философии, это называется философией.

«Чтобы установить истину предписаний Ведик, Мимамса пытается доказать, что слова и их смысл и связь между ними являются вечными.»

Будем надеяться, читать поймет, что Мимамса являктся полной бессмыслицей и должна изучаться только в университете, что на самом деле происходит сегодня.

Давайте опустим то, что делает отделение религии и философии в колледже Святого Мартина, Лондонского университета и перейдем к следующей «философии», происходящей из Индии: Буддизму, выработанному персидским принцем, называемым Будда.

Буддизм

«Сидхарта Гаитама (примерно 563-483 гг. до н.э.), также называемый Шакямуни (Мудрец Клана Шакя) и Гаутама Будда («Просвещенный», от буд, «проснуться»), родился в королевской семье Ксатрия. При его рождении было пророчество, что он либо станет мировым завоевателем, либо он будет «завоевателем» мира путем отречения от него и становясь Буддой.

Его отец предпочитал более осязаемый тип завоевания и старался защитить Сидхарту от всех жизненных пороков, которые могли бы искушать его в духовном раздумье. Эта стратегия обернулась против него самого; на то время, когда ему было около тридцати, Сидхарта в конце концов испытал пороки, случайно встретив больного человека, старика, мертвеца и бродячего отшельника, он тут же решил отречься от мира и добиваться просвещения, подобно отшельнику.

Это нарушило долг Сидхарта как главы семьи, так как его жена только что родила их первого ребенка, но обязанности Ведис и традиционные четыре стадии жизни его больше не интересовали.»

Итак, бросив свою жену и ребенка, он стал просвещенным.

«После годов поста и других аскетических обычаев, в течении которых он, предположительно, питался лишь зернышком риса в день, Сидхарта почувствовал, что он ничего не достиг.

Он прекратил пост, а потом сел под деревом, поняв, что ничего не появится, пока он не достигнет просвещения. Дерево стало Деревом Бодхи («Просвещения»); находясь под которым Сидхарта, противостоящий нападениям и искушениям Мара, короля демонов, стал Буддой, тем, кто «Проснулся.»

Что означает просвещение? Может быть он говоря, что ел только нулевые зерна риса в день, у него был бы больший прогресс к его цели. И кто этот мнимый Мара, о котором Будда утверждает, что он нападал на него? Почему демон должен был беспокоить человека, который ел только зернышко риса в день и, поэтому, был мертв? Если Будда заслуживает доверия.

«Особенно заслуживает внимания вера в то, что в достижении Просвещения Будда приобрел сверхъестественные способности. Таковыми способностями были:

- *Психокинез, способность мысленно перемещать предметы;*
- *Клеираудиенция, способность слышать звуки на удивительных расстояниях;*

- *Телепатия, способность читать мысли других;*
- *Ретропознавание, способность узнавать ваши предыдущие существования;*
- *Ясновидение, способность видеть и узнавать вещи на расстоянии; и,*
- *Умение уничтожать растлевающие импульсы, которые привели бы к Просвещению и Нирване.*

Эти сверхъестественные и экстрасенсорные способности, следует отметить, фактически не согласовываются со всеведением или всесилием, или даже бессмертностью. Однако, их достаточно, чтобы позволить Будде раскрыть и проверить основные элементы буддистской доктрины, а также функционировать в этом мире на уровне, находящемся далеко за пределами обычных человеческих возможностей.

Они могут представляться как скромные требования по сравнению с божествами других религий, но они определенно намного больше, нежели то, что они требуют, что мы рассматривали бы как просто философы – или нежели то, что ожидается ими, разыскивая гуманистическую и рационалистическую религию.»

Итак, каковы главные буддистские доктрины?

«Имеются некоторые философские доктрины, которые настолько ранние и настолько фундаментальные для Буддизма, что их отрицания склонно рассматриваться как крайне небуддистские ереси. Все формы Буддизма стараются придерживаться этих принципов.

1 Мгновенность: Ничего не существует в течение какого-либо времени. Для вещей нет материи или продолжительности.

2 Относительное существование или отсутствие самоестества: Ничего не имеет сущности, естества или характера само по себе. Вещи в изоляции являются шуня, «пустыми».

3 Нет-атмана: Нет Самого (атмана) в Буддизме, ни как сущности, ни как материи.

4 Нет Бога: Нет Брахмана или какой-либо другой конечной устойчивой материи или естества в реальности. Нирвана, таким образом, не может характеризоваться в качестве реализующейся либо Самой, Брахманом, либо Богом.

5 Зависимое происхождение. Всему есть причина. Мгновенное существование случается, как оно случается, благодаря предыдущему мгновенному существованию, но причина сама по себе также молниеносна.

6 Карма: Поскольку в Буддизме нет материи или продолжительности, буддистский взгляд на карму отличается от того, что у Хиндуизма или Джаинизма.

В истории буддийской философии эти доктрины создавали некоторые трудности. Если нет собственной личности, тогда что достигает просвещения или Нирваны?

Это не я, я уже вошел на мгновение, а если это не я, тогда к чему беспокойство? Также, если отсутствует устойчивая собственная личность, тогда поощрения и наказания кармы посещаются в других существах, нежели тех, кто заслуживает их.

Сам Будда, вероятно, был возмущен доктринами, создающими такие трудности, так как он отвергал теоретизирование (не «склонялся к нравоучению»), и он должен был предполагать не менее, чем такие теории, которые приводили бы к запутанным и просто теоретическим спорам.»

Предоставляю читателю возможность решать для себя, слышал ли он или она когда-либо в своей жизни большую бессмыслицу. Это – Будда и буддизм.

Вышеприведенное я взял из http://www.friesian.com, Джакоб Фрайз из фрайзийской школы философии, который является одним из более или менее лучших западных философов.

Школа философии Капила и Сянкхя

Будда взял свои главные доктрины из Капила. Здесь приводятся слова профессоров Колумбийского университета о доктринах Капила:

«1 Среди древних философов Индии, наиболее выдающимся был Капила.

2 Его философский подход был уникальным, и как философ он в одиночестве находился в своем классе.

3 Догматы его философии были изумительного характера.

4 Истина должна подкрепляться доказательством. Это – первый догмат системы Синкхя. Без доказательства нет истины. »

Какая-то глупость как отправной пункт для философии, не так ли? Его философия не была ИСТИНОЙ, поскольку нет доказательства, что ИСТИНА есть очевидной повторной позицией для господина Капила. Вы не существуете, так как нет доказательства того, что Вы существуете. Очевидно, это привлекательная философия для университетского изучения, так как Капила также мог сказать, что Бог не является ИСТИНОЙ, поскольку нет доказательства.

Итак, мы взглянули на шесть «величайших философий Индии или берущих в ней начало на то время, когда ею правили персы. Какова седьмая, та, что является абсолютным фаворитом у всех современных ученых, Адваита, основанная Санкарой?

Адваита

Философия, которую я излагаю в этой книге и которая выдвинута Рамануджей, в большинстве своем не сильно отличалась от предложенной Санкарой. Поучительно взглянуть на жизнь Санкары.

«Санкара тогда объехал весь свет в поисках достойного гуру, который бы посвятил и упорядочил его обет самняса, пока он не пришел на берега реки нармада в центральной Индии. Здесь был асрама говинда бхагаватпада, ученик гаудапада, знаменитый автор мандукя карикас.

Санкара был принят учеником Говинда, который посвятил его в закон парамахамса самняса, наивысший вид самоотречения. Видя интеллектуальную проницательность своего ученика, говинда принуждал Санкара детально излагать философию веданта посредством комментариев главных упанишадов, брахмасутрас и гиты.»

Итак, вынужденный писать комментарии о «философии», это – то, что Санкара изложил делать, так как он должен стать отшельником на пути к духовному осмыслению. Он делал то, что тот говорил.

«Кроме написания собственных комментариев, Санкара искал глав других школ, чтобы вступать с ними в спор. Что касается принятой философской традиции в Индии, такой спор помогал создавать нового философа, а также получать новых учеников и новообращенных из других школ.

Также традиционным было для проигравшего в споре становиться учеником выигравшего. Таким образом, Санкара спорил с буддистскими философами, приверженцами самкхя и с пуква мимансакасами, приверженцами обрядности ведик и подтвердил ни много ни мало способность наносить поражение своим оппонентам в споре.

Затем Санкара нашел Кумарила Бхатта, выдающегося поборника пурва мимамса с своем возрасте, но бхагга находился на своем смертном одре и предписал Снкаре стать висварупа, своим учеником. Висварупа иногда отождествляется с Мандана Мисра.

Спор с Висварупа был уникален. Судьей в споре выступала жена Висварупа. бхарати, которая сама была хорошо образованной и считалась олицетворением Богини сарасвати. На карту был поставлен весь образ жизни.

Договор состоял в том, что если Висварупа победит, Санкара согласится на брак и жизнь в качестве главы семьи, тогда как если победит Санкара, Висварупа откажется от всего своего богатства и владений и станет учеником санняси Санкары. Говорят, что спор длился неделями, пока в конце висварупа не должен был признать поражение и стать санняси.

Бхарати была справедливой судьей, но перед объявлением Санкары победителем, она спровоцировала Санкару вопросами о камасастре, о чем он ничего не знал.

Поэтому Санкаре потребовалось некоторое время, в течение которого, пользуясь искусным процессом йоги, называемым паракая-правеса, о проник в тело умирающего короля и пережил искусство любви с королевами.

Возвращаясь в дом Висварута, он ответил на все вопросы Бхарати, после чего Висварупа был посвящен в санняси под именем Суресвара. Он станет наиболее прославленным учеником Санкары по яджурведа упанишадам, в дополнение к его собственным независимым текстам по различным предметам.»

Будучи отшельником, у него не было затруднений в поражении школ Мимамса в споре за персидских королей. Уверен, что у самого читатель подобным образом не должно быть трудности. Небольшая трудность была спорить о Кама Сутре и поэтому он приказал своему духу проникнуть в того или иного персидского короля и изучить секс.

Затем он удивительно смог победить женщину по данной теме. Очевидно, Санкара обладал лживой индивидуальностью.

«Санкара продолжал путешествовать со своими учениками по всей земле, все время составляя философские трактаты и вступая в спор с оппонентами. Говорят, что никто из его оппонентов не мог когда-либо соответствовать его интеллектуальной доблести и споры всегда

заканчивались победой Санкары. Без сомнения, это, правда, дающая неконкурентное уважение и популярность, чем эта философская система пользуется по сей день.»

Все из философий Индии в 500 г. до н.э., включая Буддизм, просто демонстрировались бессмысленными кем-то с очень незначительным количеством интеллекта.
Все вышеприведенные цитаты взяты из http://www.advaita-vedanta.org/. Что организация, посвященная работе этого «великого» человека, не говорит о том что случилось в конце жизни Санкары, и что произошло с его философией, когда она столкнулась со своим соответствием или даже более великим философом, Рамануджа, 1300 лет спустя.

Как ведет себя этот агрессивный оппонент понятия персонального Бога (пожалуйста, поищите в Сети, если не верите мне: это пункт несовпадения между Рамануджа и Санкарой)?

«Сри Санкара посетил Тируванаикар, рядом с Тричи в Тамилнаду. В этом храме, Богиня Акхиландесвари имела огромную власть и людей, которые пришли получить ее даршан и не могли сопротивляться жестокости этой Богини. Сри Санкара создал два комплекта серьг, называемых Татанкам, и подарил их Богине. Свирепость божества уменьшилась. Этот татанкам, серьги, в течение долгого времени хранил Ачаряс из Канчи Мутт.»

Эти и другие полезные дела Санкара подвергаются цензуре (не упоминаются) современными учеными в их сообщениях о его жизни и учениях. Они исходят из http://www.hinduweb.org/.

«Сри Санкара посетил Тирупати и декламировал Слока «Вишну патати кешанта стотра», описывающий Бога с головы до ног. Он хотел, чтобы люди толпами посещали Бога и получали его благословения, он учредил янтра. С того дня количество прихожан храма возросло и изо дня в день увеличивается.»

Но мера, до какой он осознал, все его учение было бессмыслицей, не упоминается даже сайтом http://www.hinduweb.org/.

Основывая многое из своего учения на истории персонального «Бога», Кришны, Санкара в дальнейшей жизни осознал глупость своих учений и мучался угрызениями совести.

Христианство

Санкара жил около 300 г. до н.э. и его поздняя жизнь была аскетизмом, отказом от всех прелестей жизни и раскаянием в сочетании с верой в персонального Бога Кришну, ведущей прямо к христианству.

Слово «Христос» было искажением слова «Кришна», вытекающего из персидского влияния времени (Кришна был персидским героем, а персидская империя простиралась по огромной части мира, включая Индию). Персы искали спасителя для защиты себя от римлян. И отныне начались истории Иисуса.

Полезность как проверка науки

Вы можете потратить свою жизнь, как это сделал Санкара, в научном споре. Один может победить в споре, пока кто-то не встретит кого-то проворней себя или если Ваши теории лучше, чем у Вашего оппонента.

К концу дня, то ли это, что Вы хотели сделать? В своем случае, он в конце своей жизни осознал, что его жизнь была тратой времени. Но, он оставался гордым. Не это ли то, чего хотите Вы?

До сих пор некоторые знания полезны и индийская философия дает читателю некоторую полезную информацию. Поэтому я написал эту книгу.

Старые науки и новые науки

В то время, как существует много наук: математика (это не искусство), физика, химия, астрономия, медицина и так далее, также имеется много составных частей науки или философии человечества. Если философия становится совершенной, тогда это наука.
Человечество сложно для понимания. Существует разделение полов, существует тело, имеются эмоции, есть любовь, есть брак, существует Ваш разум, есть Ваша душа, есть божественность.

В своих разных книгах я обращаю внимание на пороки в предполагаемых «науках» медицины, астрономии, эволюции, психологии, индологии, сексологии, истории, западной философии, а также различных индийских философиях.

Но я не просто критикую, я предлагаю наукам свои места. Такие новые науки следующие:

- История
- Секс

- Эмоции
- Любовь
- Собственная личность
- Человеческие отношения
- Симпатии и антипатии
- Эволюция
- Индийская философия

Например, в своей книге «Совершенствуем свою сферу сексуальной энергии», я излагаю науку секса и науку человеческих отношений: четыре силы, которые действуют в каждом человеческом взаимоотношении.

Медицина, астрономия и индология (толкование древних индийских текстов) я классифицирую, как и демонстрирую вредными, не полезными и бесплодными (соответственно) и, поэтому, ничего не предлагаю вместо них. Физика вредна. Отсюда атомная бомба.

Также нет необходимости иметь или разрабатывать науку человеческого тела. У Вас имеется примерно 1000 прошлых человеческих жизней. Что Вы не знаете о естественной жизни в результате этих 1000 впечатлений, не стоит осмысления. Никакой доктор или биолог не может знать 0,01 полезных вещей, которые знаете Вы по данному вопросу. Называние биологии «наукой» - полностью неправильное употребление термина.

Слово «полезный» нуждается в определении или исследовании. Сегодня оно означает «помогает Вам делать деньги». У Вас есть западное лекарство и Вам стает «лучше» быстрее, чем с естественным исцелением и поэтому Вы скорее можете приступить к работе.

Автомобиль полезен, так как Вам не нужно тратить два лишних часа незарабатывания денег. Атомная бомба «полезна», так как Вы можете убить миллион японцев за ночь, нежели тратить огромное количество денег на ружья. Если бы она не была полезна, Эйнштейн не возился бы с ней. Плеер «Сони» полезен, так как помогает крупным компаниям делать деньги. Если бы он не был полезен, они бы не выпускали его.

Машиностроение – полезная наука, так как помогает инженерам делать деньги. Электроника – полезная наука по тем же причинам.

Но все западные науки имеют цену. Эта цена состоит в разрушении мира. Благодаря западным наукам, окружающая среда находится в процессе разрушения.

Западные науки не только имеют цену, они отклоняют человека от прямого мышления. Вместо того, чтобы сосредотачиваться на счастье и самосовершенствовании, он сосредотачивается на полезности.
Поэтому, западные науки имеют два разрушительных назначения, а не просто одно.

Математика полезна. Она помогает человеку попасть на Луну или создавать все более и более быстрые компьютеры. Однако, большая часть математики бесполезна для среднего человека. Ее пригодность связана, с предоставлением математикам делать что-то в башне из слоновой кости университета. Они имеют работу и делают деньги.

Науки, которые я предлагаю, не полезны. Они не помогут Вам делать деньги. Они даны мне Богом. Они – таковы, чтобы помочь Вашему прогрессу в своей жизни и привести к более безмятежной мирной продуктивной жизни.

Глава 2: Важны Вы и Любовь

- Если желаете совершенствоваться, Вам нужно сосредоточиться на своих целях

  - жизнь является путешествием переживания для Вашей собственной личности(также известной как душа или дух)
  - но к концу дня у Вас могут быть мириады различных переживаний
  - где Вы их получите? Я попробовал 17 сортов шоколада. И что?
  - я побывал в 23 странах и видел, как живут местные люди. Ну и что.
  - если у Вас есть цель, Вы вполне возможно встретитесь с нею.
  - если у Вас нет цели, вы, вероятно, не встретите ее.

- Жизнь также связана с получением знаний

  - понимание о том, из чего состоите Вы и мир вокруг Вас
  - лучшего приспосабливания к окружающей обстановке и, следовательно, развития
  - или, Вы можете выбрать научные знания. Сколько миль до Плутона? Когда была битва при Гастингсе? Сколько костей в Вашем теле? Ну и что.
  - Итак, Вам нужно решить, какого вида цель Вы предпочитаете иметь

- Индийская философия помогает Вам

  - понять, из чего состоите Вы и мир вокруг Вас
  - лучше приспособиться к окружающей обстановке и совершенствоваться
  - ставить свои цели, и
  - кроме того, понять важные жизненные вещи

- Важные жизненные вещи

  - это - любовь

Глава 3: Бог (Исвара, Брахман)

Бог есть

- «Сат-кит-ананда»: бытие, сознание и блаженство
- Источник и материя вселенной
- Внутренний правитель всех существ
- Собственная личность, которая существует во всех существах и в которой существуют все существа
- Вечно безупречный и Высший высшего
- Легко доступен, достижим, для всех
- Скала любви и убежище души для тех, кто в душевных страданиях и одиночестве
- Друг всех существ, щедрый для всех

У Бога есть

- Шесть качеств, владычества, мощи, блаженства, величия, мудрости и справедливости
- Божья снисходительность, обрушивающаяся на всех, которую нельзя измерить
- внутренняя сладость
- Внутренне присущая натура, требующая Брахманиза души (дживы)

Бог

- Благословляет и сохраняет чистого и праведного
- Требует, прощает и спасает грешника
- Зависит от Его поклонников
- Побеждает зло Его притягательной красотой и любовью

Справедливость

- Исвара правит по безжалостному закону кармана (закону причины и следствия, который мы обсудим позднее): Его праведный гнев неотвратим

Лорд и Сри

- Космический правитель руководится любовью
- Его любовная природа называется Сри
- Величие закона справедливости сочетается со всепобеждающей мощью милосердия
- Лорд и Сри – философски неразделимы, но функционально различимы
- Лорд правит законом, а Сри – любовью
- Сри – само сердце божественной природы

Милосердие

- Близость растет между безгранично большим и инфинитезимально малым
- Нежность и чувство близости одолевают Его божественное всеведение и делают Его забывающим греховность
- У Него есть желание спасать, несмотря на греховность
- У Него есть полная сочувствия любовь искать и исцелять
- Он наделяет своим блаженством дживу
- Он – дарящий блага, никогда не удовлетворенный тем, что Он дает
- У Него есть прочувствованное желание помогать всем существам и освобождать их от греховности

Глава 4: Душа (пуруша, джива, атман)

Душа и материя (пракрити) образуют часть тела Бога. Душа, является путешествием к Богу и обратно и в последующих главах этой книги я буду рассматривать, что такое путешествие.

Душа:

- является божественным бытием, созданным Богом. Оно божественна в том смысле, что его душа есть Бог. Будучи божественной, это – не зло. У нее нет знаний и опыта в отправной точке.
- неизменна по существу, но с сознанием, чувствами, знанием и склонностями, которые изменяются
- является сущностью, которая слушает, испытывает, а затем решает
- бесконечно мала по размеру, Бог безграничен по размеру. Однако, энергия души простирается на несколько дюймов за тело, она втягивается, чтобы стать бесконечно малой после смерти
- касается недугом, действием и результатом действия, а также впечатлениями от переживания
- является сущностью, которая ищет мира, любви и счастья
- управляется в окончательном анализе Богом.

Душа обладает:

- главной характеристикой сознания (каитаня)
- вечно растущим знанием, однако, двух видов: ложью (авидя) и истиной. Поскольку с математической точки зрения знание не может быть ложью, иным, лучшим способом выражения этого является то, что знание со временем уменьшается или увеличивается: есть один из двух путей
- неотъемлемым характером созерцания Бога, но последний предотвращается неправильным знанием (вытекающим из контакта с пракрити)
- моральной свободой
- в качестве своей наивысшего назначения любить и служить Богу
- двумя аспектами своего сознания:
    - самоанализ: активное, творческое сознание, которое мы осознаем
    - понимание других, включая Бога: пассивное, зрячее (космическое) сознание
- воспоминаниями, предпочтениями, желаниями и тенденциями

- или может обладать и может развивать свое сознание, добродетель, знание и любовь
- радостью, состраданием, ненавистью, удовольствием, болью, верой, гневом, жадностью, печалью, гордостью,..

Возвращение души

- с недостатком знания в исходной точке, она развивается своими хорошими или плохими выборами в своем предшествующем рождении, приводя к хорошему или плохому воспитанию младенца в этом рождении
- плохое воспитание в его настоящем рождении приводит к приобретению склонности делать дальнейшие плохие выборы в этой жизни. Однако, она всегда сохраняет моральную свободу делать отличие правильного от неправильного
- ложные знания и плохое раннее воспитание приводят к развитию гордыни и самоинтереса.
- они, в свою очередь, приводят ее к нарушению этических принципов (яма философии йога)
- нарушение этих принципов приводит к неспособности отличать правильное от неправильного
- время от времени она переживает удовольствия и боль
- это приводит к привязанности или отвращению, а затем к дальнейшей печали

Душа может

- испытывать Бога непосредственной интуицией, превосходящим ощущающим переживанием и рассудком
- для этого ей необходимо придерживаться этических принципов, чтобы делать хорошую работу (карма йога)

Глава 5: Материя (пракрити)

Пракрити (материя) является:

- Очевидной властью Бога, интеллектом (буддхи). Она включат в себя, например, субъект и разум
- Пракрити существует для и эволюционирует, чтобы служить собственной личности, будучи оживленной или руководимой Богом
- Каждый аспект материи (мысли, звезды, поп-музыка,..) предназначен оказывать помощь в приобретении мудрости и опыта

Весь мир, включая Ваше тело и ум, состоит из трех фундаментальных принципов, гунас:

- Саива: вибрация, свет; рожденный в чистоте, благоприятной для счастья
- Раджас: движение; рожденный в желании, обязывает привязанностью к работам
- Тамас: инерция, темнота; рожденный в невежестве, способствующем неясности, небрежности и спячке

Например:

- Атом состоит из колебания, движения и инерционной энергии, в разных пропорциях
- Мысли могут быть мирными, энергичными или глупыми
- Действия карма могут быть хорошими, смешанными или плохими

Имеется 16 воспринимаемых форм материи:

- 5 бросающихся в глаза элементов
- 11 органов: 5 органов восприятия и 5 органов действия, а также 11-й орган чувства, ум

Сатва, раджас и тамас всегда эволюционируют, с одним доминирующим к какое-то время в каждом веществе, а в человеке – в зависимости от его пищи и от предыдущей кармы (действий). знаний и переживаний.

Сатва излучает, вследствие своей чистоты

- Сатва является причиной здоровья и отсутствия болезни
- Она обязывает собственную личность, вызывая привязанность к счастью, знаниям и удовольствию

- Освобождение (спасение), мокша, возникает из усовершенствования сатвы: потреблением сатвической пищи, соблюдением этических принципов и выполнением работ только для Бога
- Однако, в конечном счете, одно превосходит 3 гунас

Природой Раджас является страсть: она вызывает сексуальное желание: сильное желание между мужчиной и женщиной

- Она также вызывает сладострастие и привязанность
- Страсть рождается из сильного желание во всех объектах чувств и из сильного желания в союзе с супругом
- Она связывает душу путем привязанностью к и постоянным занятием действиями, пре преобладает раджас, имеется жадность, деятельность, выполнение работы, беспокойство и сильное желание

Тамас происходит из ложных знаний

- Она вводит в заблуждение все собственные личности – дает им ошибочные знания и скрывает истинные знания
- Это – причина небрежности (невнимательности, и выполнения того, что не следовало бы делать) и праздности (склонности избегать работы и обязанности)
- Это вызывает дремоту (когда ум и органы действия и восприятия прекращают работать вследствие усталости)

Глава 6 : Эволюция

В своей книге «История мира» я изложил свое мнение, что вся история, эволюция имеет единое назначение: Бог, принимающий решение, что Он хотел найти любовь.

Поэтому Он создал вселенную и, в конечном счете, живые души, Вас и меня, так что один ли более из нас могли бы продвигаться по пути любви к Нему. Эту гипотезу, мое предположение, я затем использую для объяснения важных происшествий в мире на сегодня.

Стандартная индийская философия более подробно вникает в то, что могло произойти и, поэтому я излагаю это ниже для тех из вас, кому любопытно. Я не вижу изъяна в цепочке рассуждений и верю, что индийская теория эволюции достаточно разумна.

Она не выходит за пределы правдоподобия, как это делают западные теории эволюции, полагающиеся на невероятно неправдоподобные статистические удачи невежественных молекул, сливающихся и эволюционирующих в сложные формы жизни, которые могут любить и смеяться.

В любой науке, большинство правдоподобных теорий – те, которые сначала принимаются, а затем со временем совершенствуются. Индийская философия легко проходит такое испытание.

Западные размышления по эволюции без труда демонстрируются любым математиком как маловероятные кандидаты для объяснения эволюции. Это потому, что западные ученые верят, что все является совпадением.

Сколько совпадений совершенно маловероятного характера должно произойти перед тем, как Вы осознаете, что ничего не является совпадением? Как сказал Эйнштейн: «Не верю, что Бог играет в кости». Но такие совпадения, в которые верят западные ученые, являются полностью надуманными. Что является правдоподобием вселенной, развивающейся так, что у солнца как раз нужная температура для жизни на земле?

Что является правдоподобием земли, эволюционирующей так, что она обладает точным размером, для необходимых величин гравитационной силы для различных форм жизни, существующих на земле? Каково правдоподобие таких событий:

- атмосфера на земле, имеющая как раз нужную смесь кислорода и прочего для всех разнообразных форм жизни
- атмосфера на земле как раз необходимой плотности
- температура на земле точно такая, какая необходима для всех разнообразных форм жизни
- температура на земле точно такая, какая нужна для наличия океанов
- сочетание 92 основных элементов точно такое, как нужно для всех тысячей и тысячей разнообразных форм жизни
- элементы сочетаются в как раз точных комбинациях, чтобы в конечном счете образовывать ДНК: с наилучшими современными компьютерами и громадным усилием лишь сейчас ученые способны начать разгадывать чудовищные сложности ДНК. Каков шанс для этих сложностей возникнуть случайно?
- 92 элемента, комбинирующихся таким образом, что Вы испытываете чувство гнева или любви
- искусство, эволюционирующее в человеческое существо

Любой разумный человек знает, что все из этих шансов настолько ничтожны, микроскопичны, что западные «научные» теории эволюции являются полной фикцией.

Ученые не хотят принять возможность того, что Бог существует и, поэтому, они предстают с еще более далеко достающими «объяснениями» того, что происходит. Вышеприведенный список «совпадений» никоим образом не полон. Чтобы составить список совпадений, на которые полагаются западные науки, то это было бы гигантское предприятие.

Пракрити (природа) до образования была неявной, без какого-либо отличительного признака (алинга), состоящей из 3 гунас (энергий природы) в равновесии

- Для того, чтобы дать душе транспортные средства для опыта и освобождения (я бы сказал знания), гунасы были одушевлены Лордом, посредством органического вещества, инъекцией пракрити шакти (энергии или мощи)
- Пракрити (природа) затем развивается внутрь с заметной стадией (линга) характеризуемой интеллектом (буддхи)
- Собственная личность («атман») вступает в контакт с пракрти шакти в этом индивидуализированном, а не космическом состоянии

После развития буддхи (интеллекта) в природе, существуют два отдельных направления эволюции

- Ахамкара (субъект, чувство «я»), дает собственной личности индивидуальное, а не космическое сознание

- Танматра (податомная структура материи): утонченные элементы с потенциалом становиться крупными элементами
- На этом этапе эволюции материя все еще является неспециализированной (ависеса) – познаваемой душой, но не воспринимаемой чувствами (которые еще не развиты)
- Этап ависеса обладает потенциалом и назначением производить висеса, воспринимаемую фазу, эволюции

Ахамкара или субъект (чувство «меня»)

- Первоначально, собственная личность не имела окружающего содержания – без ума, восприятия, объектов восприятия
- Существует только одно чувство «я» (позднее, чувство «меня»), комбинированное с силой жизни, «прана»
- Из ахамкара вырабатывается манас (ум), 5 органов действия и 5 органов восприятия (через оживление Богом)
- Эти последние являются фазой висеса природы и воспринимаемыми формами материи

Пятью утонченными незаметными составляющими крупных элементов (бхутас, см. позднее) являются танматра:

- Звук (сабда), касание (спарса), фигура, форма и цвет (рупа), вкус (раса) и обоняние (гандха): причины удовольствия и боли
- Позднее, в фазе висеса, из танматра появляются 5 крупных элементов:
    - пространство, эфир (акаса). Произведен танматрой из звука, Поддерживает слух. Характеристики: не покрывающий, всепроникающий, не препятствующий, предоставляющий место
    - воздух, ветер (ваю). Произведен касанием, а также звуком. Характеристики: поперечное перемещение, бросание, сила, подвижность, не бросающий тени
    - огонь (тедж). Произведен фигурой и цветом, также касанием и звуком. Поддерживает орган зрения. Характеристики: например, идущий вверх, стряпня, свет, подача энергии
    - вода (ап). Произведена всей танматрой, кроме запаха. Преобладает вкус. Поддерживает орган вкуса. Характеристики: гладкость, нежность, чистота, тяжесть, спокойствие, сохранение, чистота, скрепление
    - земля (притви). Произведена всей танматрой. Преобладает запах. Поддерживает орган обоняния. Характеристики: тяжесть, шероховатость, препятствие, устойчивость, опора, твердость

5 крупных элементов воспринимаются 5 органами восприятия, (познавательные органы, джнанендрияс), ушами, кожей, глазами, языком и носом. 5 органами действия (кармендрияс) являются рот (голос), руки (схватывание), ноги (перемещение), выделительные органы (выбрасывание), органы воспроизводства (удовлетворение).

Фактическая матеря, которую Вы можете слышать, чувствовать и т.д., пятикратна, т.е. состоит из всех 5 крупных элементов (а за ними – танматра и гунас).

Индийские философы в 500 гг. до н.э. должны были весело общаться со своей западной (персидской) аудиторией. Теория эволюции, как это изложено выше, бесполезна.

Впоследствии Дарвин выступил с еще более бесполезной теорией эволюции, чтобы также удовлетворять свою западную (европейскую) аудиторию.

Эволюция является путешествием Вашей духовной энергии к ее источнику, Вашей божественной сущности, душе. И эволюция далее является путешествием Вашей духовной энергии от души к Богу.

Ваша духовная энергия, известная в Индии как кундалини, находится в муладхара чакра (энергетическом центре) в корне Вашего позвоночника. Она – косная. По мере того, как Вы нарушаете этические принципы, она ухудшается.

Для ее нарастания, Вам нужно не только придерживаться пяти этических принципов (яма), но Вам также нужен оргазм. В процессе оргазма влияние Вашего мозга временно отключается. В отсутствие разума Ваша душа становится свободной.

Если ранее было решено заниматься эволюцией, то кундалини, ее энергия будет расти. Энергия кундалини нарастает поэтапно, до первой чакры (энергетического центра), затем следующая и так далее. Когда кундалини встречает энергию в одной из Ваших чакр, происходит огромное исцеление. Беспокойства и вред, принесенные Вашим энергетическим центрам в ходе Вашей жизни и детства, излечиваются.

Если Вы упорно продолжаете свою духовную эволюцию, возникает проблема. Вы становитесь самовлюбленным. Гордыня приводит Вас к нарушению этических принципов. Искажается Ваше знание правильного и неправильного. Ваша духовная энергия уходит назад в чакру муладхара. Ваша способность взломать эту стагнацию слабее, чем была ранее.

Для некоторых людей их духовное путешествие и последующее религиозное путешествие проводится Богом. Какое-то внутреннее побуждение говорит им, что им следует искать Его. Путешествие – такое же, первоначально – к душе.

Но гордыня не возникает. Гордыня пропадает в присутствии Бога. Когда кундалини достигнет души, Вы получите побуждение подчиниться Богу. В Индии это известно как Ишвара Пранидхана. Вы уступаете свое тело, свой ум и свою душу Ему.

После того, как Вы устраните свою гордыню, в некоторый момент Он попросит Вас встретиться с Ним в Вашей шакре анахата, находящейся в Вашем физическом сердце. Возникает любовь. Это было первой частью Вашего религиозного путешествия эволюции к Нему.
Вторая часть происходит в момент смерти. В момент смерти, для каждого, Ваша энергия кундалини отступает к своему источнику: душе. Если энергия Бога смешалась с энергией кундалини перед смертью, тогда Он сопровождает Вашу духовную энергию, так как он вновь присоединяет душу при смерти.

Это – окончательный духовный союз между человеком и Богом. С этим имеет дело эволюция, а не с обезьянами и где бы они не росли, чтобы стать мужчинами и женщинами. Эволюция также связана с тем, сколько дней понадобилось Богу для создания земли.

Нынешние науки необходимо разделить на три категории: опасные, бесполезные или неправильные. В эти категории попадают существующие теории эволюции.

Глава 7: Ум

Данная глава основывается на моих собственных анализах и сопоставлении простейшего возможного наиболее связного объяснения того, что происходит.

Ум (антахкарана), внутренний орган имеет 3 компонента:

- Манас, или смысловой ум: воспринимает объекты
- Буддхи, или интеллект со способностью анализа
- Воля, определяющий принцип.

Иногда, эти три компонента вместе называются манас.

Мысли даются Вам Богом, справедливо, и в соответствии в Вашими желаниями и впечатлениями, необходимыми для Вашего развития. Он побуждает ум обрабатывать эти мысли.

Ум также получает информацию от 5 инструментов восприятия в течении своих двух состояний прямого восприятия и ложного восприятия.

Он обрабатывает и анализирует информацию в течение двух из других трех состояний, периодов воображения (викалпа) и оценки воспоминания (смрти).

Он принимает решения во время состояния воображения.

Время от времени имеется другое состояние, называемый нидра, или спячка.

В процессе своих состояний восприятия и ложного восприятия, сознание (цитта) собственной личности принимает форму объекта, окрашенного умом (с физической, сексуальной, умственной, любовной и эмоциональной энергиями).

Душа воспринимает искаженный образ в цитте.

Ум является полезным инструментом, но знания сердца и души все же важнее.

Глава 8: Ваши тело и ум

Ваши тело и ум существует для Вас, собственной личности, чтобы эволюционировать.

«Ваши» тело и ум фактически являются частью тела Бога. Он, вместе с Вашей душой, управляет ими.

Кроме такого руководства своим телом и умом, Вам нужны вклады:

- Прана или жизненная сила, которая распространяется и двигается по всему Вашему телу в нади, выполняя эти указания в отношении дыхания, кровообращения, пищеварения, зрения, движения, мозговой деятельности,..
- Все 5 элементов. Они потребляются в виде пищи, запахов, воды, света и тепла, воздуха и звука.

Тело и ум становятся тем, что Вы потребляете. Эти вклады, включая пищу, становятся «Вашим» телом, а также становятся «Вашим» умом. Это представляется странным для понимания. Пять элементов характеризуются тремя свойствами, сатва, раджас и тамас. Ваше тело, а также ум становятся сатвичными, раджасными и тамасными, в зависимости от того, что Вы потребляете.

Жизненная сила также называется пракрити шакти. Источник ее направления происходит из специфических концентраций энергии, исходящей из Ваших чакр. Чакры также связаны со всеми нервами в теле (нади). Чакры руководят всем делать в соответствии с функцией Вашего тела и ума: будь Вы умны или нет, вспыльчивый или мирный и так далее.

Глава 9: Смерть

Повсюду верят, что индийская философия утверждает, что имеется цикл рождения и смерти. Необходимо проводить различие между тем, что написано в последнем веке мира, Двапар Юг, который закончился в 500 г. до н.э., и что написано в двух священных текстах в нынешнем веке, Кали Юг.

То, что имелся цикл рождения и смерти, без сомнения (например, это даже показано по телевидению). Но, в Йога Сутрас нет упоминания о возрождении. В моих медитациях, с 2002 г. я говорил, что возрождения больше нет, Эта Ваша жизнь – Ваша последняя. В этой книге я не обращаюсь снова к возрождению.

Момент смерти определяет место действия для Вашей эволюции в Вашем следующем этапе существования:

- Ваши желания и мысли при смерти определяют, какие впечатления Бог даст Вам после Вашей смерти
- Знание полностью оборачивается внутрь и кто-то получает знание о внутренних объектах: т.е. воспоминание о всех деяниях и ощущениях – знание становится неограниченным
- В одно мгновение вспоминаются все жизненные события
- Непосредственно перед тем, как душа покидает тело, скрытые состояния всей кармы, сделанные в Вашей жизни (хорошие или плохие выборы в жизни) – все одновременно вспыхивают в Вашем мозгу, выстроенные согласно характеру и силе. Скрытые состояния предыдущих жизней, которые похожи по природе, присоединяются к основному потоку, скрытые состояния непохожих действий, сделанных в этой жизни, остаются подавленными

После смерти Вы теряете тело, Ваше окружение неизвестно и Вы остаетесь в одиночестве:

- Освобожденные от телесных ограничений, Ваша память и другие способности, особенно совесть, становятся проницательными
- Она отражает только что завершенную жизнь и предпринятые неправильные действия (адхарма)

Многими путями, жизнь религиозного человека является подготовкой к смерти:

- Например, размышление о Боге в течение его жизни поможет ему думать о Нем в конце его жизни

- Без предшествующих настойчивых усилий он потерпит неудачу. Вместо этого, при смерти он будет мучаться тем, что случится с ним и будет чувствовать сильное желание имущества, семьи и т.д., что он вот-вот потеряет. Он сосредоточится на боли.

Глава 10: Собственная линость на свету и в темноте

Что предпочитает собственная личность после смерти или в утробе Вашей матери, или в ранние младенческие годы?

Вы знаете о том, что нравиться примерно с 5-летнего возраста.

Первая вещь, которую следует отметить, это то, что после смерти и в утробе, мозг не работает. Его не существует. Мозг начинает работать вскоре после родов. Обычно, он начинает работать через два месяца после родов.

В соответствии с Вашими предпочтениями, Бог находится вдалеке от или вблизи Вас. Вопреки популярной вере, Вы не можете общаться с другим человеком иначе, нежели через свой ум и органы чувств.

Если Вы – человек, не интересующийся Богом и находитесь в пути от Него, он не будет общаться с Вами, Это не потому, что он отделяет Вас. Это потому, что нет никакого смысла.

Вы не слышите Его и, следовательно, нет никакого смысла в разговоре с кем-либо, кто не слушает. Поэтому, в течение этих периодов, у Вас нет внешнего звука. В отсутствии разума, у Вас также нет визуальных и других входных данных.

Итак, в эти периоды Вы находитесь в пустоте. Вы сознательны. Вы знаете, что существуете. Это – все. У Вас есть ощущения, Вы знаете, что это нравится. Вы можете грустить, Вы можете веселиться. Вы можете скучать. Вы никогда не умрете. Когда Ваша нынешняя жизнь заканчивается, Ваше тело умирает, а затем упомянутое выше состояние – подобно тому, что впоследствии навечно.

Все в этом мире оживляется Богом.

Итак, давайте сейчас рассмотрим другого человека. Человека, находящегося на пути к свету. Свет – это неправильное употребление термина. Собственная личность действует посредством звука. Если у Вас нет разума, как после смерти, то Вы не можете видеть вещи, Вы не можете чувствовать запах и так далее.

Вы можете слышать. Вы не можете слышать физическими ушами и, поэтому Вы не можете слышать то, что происходит вокруг Вас.

Единственным звуком, который будет у Вас – это Бог. Будучи осознающим, Вы должны иметь много впечатлений, выработать много предпочтений. Все это известно Богу. Если Вы выбираете все время прислушиваться к Богу, я предполагаю, что Он будет общаться с Вами, как Он делает сейчас, все время.

С этой точки зрения, разница между до и после смерти состоит в том, что нет того, что отвлекает внимание. Вы все время с Богом, Он дает Вам любовь. Вы находитесь в состоянии перманентной замечательной любви. В таком состоянии у Вас нет желания говорить, есть, вспоминать и так далее. Другое название этому – экстаз.

Для планирования на долгий срок, Вам необходимо решить, какую из этих двух категорий существования Вы желаете иметь. Третьего пути нет.

Этот первый человек, интересующийся Богом, не имеет переживаний после смерти. Как и в жизни, когда Ваш ум не работает, такое происходит, когда Вы спите, Вы можете видеть сны, это также происходит после смерти. Тем не менее, после смерти Вам не нужен сон без сновидений.

Назначением сна без сновидений является восстановление от умственной и физической деятельности. После смерти, при отсутствии разума и без тела, нет необходимости в сне без сновидений. Бог дает Вам сновидение после смерти и на протяжении сна. Природа снов, которые Он дает Вам, обсуждается в следующей главе. Утробному плоду и младенцу также снятся богатые сны. Человек, находящийся на пути к свету, не видит снов, даже в детстве.

Глава 11: Причина для видения снов

В своей жизни Вы делает хорошие и плохие вещи. Бог, будучи беспристрастным, дает Вам доставляющие удовольствия и мучительные переживания, соответствующие Вашим хорошим и плохим выборам (карма).

Для человека, находящегося в пути к свету, его или ее выборы – те, которые желает Бог. Они находятся в гармонии с природой и, поэтому нет реакции, нет накопления, и нет вытекающих доставляющих удовольствие или мучительных впечатлений. У такого человека не будет снов. Причины для сновидения нет.

Для других, часть доставляющих удовольствие или мучительных впечатлений, требуемых для мира, чтобы быть справедливым, появляется во сне. Первая вещь, которую следует отметить, состоит для меня в том, что с основной точки зрения, нет разницы между состояниями сна и бодрствования.

В первом он получает впечатление непосредственно от Бога, а во втором он получает впечатление как указывается Богом: через ум и органы чувств. Коренное различие для собственной личности с такой точки зрения состоит в состояния без сновидений по сравнению с другими двумя. В состоянии без сновидений впечатлений нет. Он вспоминает счастье или печаль, например, предыдущие события.

С другой точки зрения, имеется коренное различие между состояниями сна и бодрствования. В состоянии сна собственная личность реагирует, но не действует. В течение состояния бодрствования, он выбирает между правильным и неправильным: он действует. Следовательно, сон не запускает цепочку дальнейших действий и реакций по закону причины и следствия (известном в Индии как закон кармы).

Поэтому, сон не имеет иной цели, нежели дать возможность миру стать справедливым: он не запускает дальнейшие последствия. Он не способствует Вам прогрессировать или регрессировать в жизни. Это делает только человеческое бодрствующее существование.

Итак, содержание и количество Ваших снов имеет причину, а не назначение (иначе, нежели справедливость).

Имеются некоторые действия, которые неизбежно влекут за собой либо будущие жизни, либо будущие сны. Например, действия, которые не делаются до конца Вашей жизни, могут быть слишком запоздалыми для

Вас, что суметь испытать последствия. Или, не лучший пример, если Вы убили или покалечили много людей.

Вам затем понадобиться пережить то, что значит быть убитым или покалеченным таким же образом соответствующее количество раз. То же самое является ИСТИНОЙ при нарушении всех пяти принципов этики, не просто ахимса (без телесных повреждений).

В своих будущих снах или в своей нынешней жизни Вы переживете несчастье, которое Вы причинили другим, не говоря правду, кражей, нарушением принципов безгрешности и жаждой наживы.

С точки зрения собственной личности, боль, пережитая во сне – точно такое же переживание, как и в состоянии бодрствования, она ранит точно так же. Счастье приятно. Солдату, убившему 1000 человек, не обязательно иметь 1000 снов подобной смерти и продолжительности в этой жизни. Это невозможно.

Даже одно растянутое переживание смерти невозможно в течение сна в этой жизни, так как состояние сна длится лишь несколько часов каждую ночь. Он переживает 1000 смертей или ранений, причиненных им, в основном после своей смерти.

Не так часто человек доставляет реальное удовольствие другому человеку 1000 раз. Исключением может быть проститутка. Для состоящего в браке человека, он или она, предположим, доставит удовольствие его или ее супругу/супруге 1000 раз. Но, в этом и будет, вероятно, заключаться соответствующее счастье в этой жизни.

Главным образом, также, такое доставленное удовольствие кратковременное (один час или около того) по сравнению с продолжительными воздействиями ранения, лжи, кражи и так далее. Для большинства людей, поэтому, жизненное переживание более приятно, чем возможное переживание после смерти.

Для собственной личности, существует только боль, неопределенность и так далее, связанные с приметами смерти во время смерти, как значительные. В других отношениях, Вы живете до, во время и после смерти. Эта Ваша жизнь является благоприятной возможностью создать коренное изменение к лучшему в Вашем будущем бесконечном существовании. Нет дальнейшего жизненного опыта после Вашей грядущей смерти: Вы не возродитесь.

Глава 12: Закон причины и следствия

Собственная личность делает хорошие или плохие выборы, приближающие ее к или удаляющие ее от Бога. Это – действия (карма) собственной личности. Эти действия или причины бывают трех типов, в соответствии с тем, приводят ли они или нет к следствию:

- Плод, несущий карму с уже очевидными результатами
- Свежая карма, выполняющаяся сейчас
- Накопленная карма с еще не показанными результатами

Ощущение от каждой такой кармы и от перенесенных впечатлений называется самсара. Самсара сохраняется в сознании собственной личности, в том, что известно как подсознательный мозг.

Наши впечатления (бхогах) даются нам Богом в соответствии с кармой баланса хорошего над плохим. Более точно, карма делится на «черную, белую, смешанную или никакую». Смешанная карма является выборами, которые являются хорошими, но смешаны с побуждением. У йога без побуждения, выполняющего указания Бога, нет ни черной, ни белой, ни смешанной кармы.

Белая карма повышает опыт доставляющих удовольствие событий, черная карма – болезненных событий. Смешанная карма добавляет событий, которые доставляют удовольствие, но приводит к потери вещи, которая хотелась с побуждением.

Действия подлинного приверженца Бога не увеличивает ответных действий по отношению к нему.

Глава 13: Время

Прошлое, настоящее и будущее существуют. Многие философы (например, буддисты) приводят доводы, что их нет.

История мира состоит из длительных циклов и подциклов. Каждый подцикл состоит из 4 юг:

- Темный век, юг Кали, начавшийся в 325 г. до н.э. и заканчивающийся в 2050 г. н.э.
- Юги Саия, Трета и Двапара с постепенно меньшей добродетелью

Другие циклы включаю в себя дыхание, день и ночь и так далее

Глава 14: Четыре цели жизни (пурушарта)

Каждый человек в его или ее жизни будет стараться достичь одного или более из следующего:

- Выполнения его или ее обязанностей в жизни (дхарма) – перед семьей, перед собой
- Приобретения богатства (арта)
- Получения удовольствия (кама) и
- Освобождения (мокща, то есть союз с Богом)

Невыполнение своего долга означает, что Ваша жизнь тратится впустую

Нарушение пяти этических принципов (яма) в прошлом является причиной, почему можно не достичь первых трех из этих целей. Такими принципами являются:

- ненасилие
- правдивость
- неворовство
- безгрешность и
- отсутствие жажды наживы.

Невыполнение религиозных обрядов (нияма) в этой жизни является причиной, почему можно не достичь освобождения. Такими религиозными обрядами являются:

- Чистота (сауча), тела и вещей, которые едят, пьют, видят, чувствуют и слышат
- Удовлетворенность (сантоша), отсутствие действия по обеспечению более, чем одной потребности
- Аскетизм (тапас), действие по развитию чистоты ума, главным образом, выполнением благотворительных работ
- Свадхяя, то есть изучение того, как снизить или устранить гордыню
- Подчинение Богу (Ишвара Пранидхана).

Четвертая цель, освобождение или мокша, заключается во вступлении в постоянный любовный контакт в Богом, свободным от ответственности за мирские вопросы.

Глава 15: Духовная практика

Духовная практика состоит из поиска внутреннего мира через контакт с Вашей душой. Йога Сутрас Лорда Патанджали излагает требуемый поэтапный подход. Он подразумевает, что:

- Прогресс требует многих времен жизни при единственном очень интенсивном усилии
- Регрессы вероятны, так как, например, от успеха возникает гордыня:

Следует отметить, что препятствия к практике йоги преодолеваются с помощью Бога посредством религии, а не духовной практики

Этапы достижения духовного прогресса можно резюмировать (мудрец Вяса) следующим образом:

- Полное понимание природы всей боли и ее сменяемости (боли, включая мимолетного удовольствия)
- Удаление причины боли
- Боль полностью уничтожается путем наивысшего йогового транса (самадхи)
- Проницательная мудрость разницы между душой и природой является завершенной
- Интеллект (буддхи) сам по себе избыточен, по своему назначению служащий душе
- Гуны отступают к их причинному состоянию равновесия
- Освобождение, каиваля

Каиваля является состоянием изоляции, когда нет контакта с материальным миром или с Богом.

Хорошо, существует традиционное мышление о духовной практике. По мере того, как один достигает духовной мудрости без помощи Бога, если он это делает, гордыня возрастает и он вынужден потерпеть неудачу. То ли это, что Вы хотите сделать?

Глава 16: Религиозная практика

Существуют три прогрессивных средства:

- Карма йога – прямой действие
- Джнана йога – получение религиозных знаний, которые Вам нужны для Вашего жизненного назначения
- Бхакти йога – любовная медитация по Богу

Сама карма йога состоит из трех дисциплин тапас, свадхяя и Исвара Пранидхана. Они были вкратце обрисованы в Главе по четырем целям жизни, в отношении к четвертой цели, мокша, освобождению.

Задачей религиозной практики является бхакти, ведущей к мокша. Религиозную практику можно резюмировать в семь ступеней:

- Вивека, развитие отсутствия интереса ко внешнему миру и нам самим в пользу Бога
- Вимока, развитие отсутствия умственной привязанности к желаниям
- Абхяса, практика тапас, свадхяя и Ишвара Пранидхана
- Крия, выполнение Ваших общественных и моральных обязательств, выполнение добродетельных акций: развитие скромности и помощи в социальном порядке: внешний человек
- Каляна, сохранение добродетельности, например, правдивости, откровенности, сострадания, либеральности, отказа от применения насильственных методов, нежадности: внутренний человек
- Анавасада, жизнерадостность, свобода от подавленного настроения
- Ануддхарса, эта ступень характеризуется отсутствием торжества и эмоционального восторга: становится невозмутимым, подавленным: нет внешнего наслаждения ощущениями; сосредоточение – на воле, не на религиозном экстазе: радость возвращается в восхваление

Глава 17: Ишвара Пранидхана

Философия йоги отмечает, что все блага йоги происходят от Ишвара Прандхана, подчинения Богу.

Ишвара Пранидхана не является концом Вашего религиозного путешествия, но является ключевым моментом в Вашей жизни. После Ишвары Пранидханы Вам не нужна никакая помощь в жизни: Вы предоставили Богу полную ответственность за свое совершенствование.

Религиозная практика, как это описано в последней главе, приводит к Ишваре Пранидхане.

Для религиозного практика Ишвара Пранидхана означает, что он сдался. Он боролся и боролся в своей жизни и настает момент, когда он говорит Богу: «Теперь я твой. Делай со мной что хочешь. Больше я не намерен принимать какие-либо решения. Если ты хочешь сделать что-то, я сделаю это». Обычно этот момент наступает, когда трудно сделать такое окончательное обязательство.

Практик освобождается, счастливый, что он теперь полностью зависим от Бога. Он не может подумать, что он когда-либо отделится от Него.

Глава 18: Индийская философия и религия

Существуют те, кто изучает философию и кто проповедует религию, и существуют те, кто осуществляет ее на практике.

Причиной того, почему философия и религия появились в Индии, является то, что индийцы осуществляют ее на практике. Или точнее, для использования, до примерно 20 или около того лет тому назад. Очевидно, я обобщаю здесь.

В терминах религии, традиционно, с утра до ночи ни одна деятельность не предпринималась без размышления сперва о Боге. Вы просыпаетесь и думаете о Нем.

Утром Вы умываетесь и так далее, чтобы очистить себя, для Него. Далее, Вы произносите молитвы, за Него. Затем Вы едите завтрак, первое подношение в Вашем мозгу, воду, а затем пищу для Него. И таким образом продолжается: весь день – поклонение Ему.

Торговец до начала работы что-то предложит Ему. Танцор перед танцем подумает о Нем. Каждое искусство и каждая деятельность посвящались Ему.

Установка мозга полностью отличалась от той, что в других религиях. Фанатизм, мнение, что Вы стоите выше тех, кто не поклонялся Богу, вмешательство в другие жизни, сжигание ведьм, крестовые походы – всего этого не было. Просто, если это правильный термин, занимайся своей собственной жизнью, но сначала помолись Богу.

В терминах философии, с 2500 годами эксплуатации, люди стали философскими. Что будет, то будет. Они развили терпение. Они развили терпимость. Даже, они не испытывали отвращения к англичанам и персам. В других странах персы и англичане терпели поражение или изгонялись.

В Индии персы правили в течение 2300 лет и обычные люди занимались своими жизненным вопросами, как если бы персы не существовали. В России свергли царизм. В Америке англичан изгнали. В любой другой стране мира иностранные правители презирались, с ними боролись. Коренные американцы Америки боролись с англичанами.

В мире нет другой страны, где иностранцы могли править без борьбы. Вы можете сказать, англичане, в конечном счете, были изгнаны из Индии. Это не так. Ганди не призывал индийцев сражаться с англичанами. Он сказал им встать и умереть. И поэтому англичане так и делали и поэтому так и делали его последователи.

Ни в какой другой стране местное население не обратится к своему собрату-соотечественнику встать, не двигаться и побуждать иностранцев стрелять в себя. Конечно, большинство других индийских лидеров того времени презирали Ганди, но они не могли ничего поделать с этим. Англичане покинули Индию просто потому, что им больше было невыгодно оставаться.

Когда-то процветающая страна, богатейшая в мире, стала одной из беднейших. Для правителей иностранцев никогда не было никакого стимула покидать Индию. Поэтому они оставались на протяжении 2500 лет.

Философская природа индийцев в прошлом полностью приписывалась тому, что иностранцы правили ими в течение 2500 лет. Эксплуатировали, насиловали, убивали, пытали и так далее. Не верится в степень голода, страданий за весь этот период.

Терпеливыми индийцами весь этот период правили иностранцы всецело благодаря их религиозной натуре: индийская религия отличалась от любой другой страны мира.
Вы можете сказать, как такое может быть? Непременно каждый рождается одинаковым? Нет. Бог наделяет каждого из нас разными впечатлениями в наших разных жизнях.

В одной жизни мы можем родиться с религиозным характером в Индии, в другой жизни мы можем родиться охотником, а в иной жизни – борющимся за выживание в Исландии. Одна жизнь не лучше другой, все зависит от того, что мы делаем. Только в последние 50 или около того лет вся планета приближается к катастрофе.

Глава 19: Посещение Индии

Сегодня люди верят, что для понимания и узнавания Индии им нужно посетить ее. Это не так.

Сегодня Индия подобна и хуже, чем любая другая страна. С большим количеством людей, она хуже. Существует загрязнение, коррупция, преступность, бизнес, Макдональдсы, города, где угодно. Если Вы хотите посетить Индию, Вам нужно избежать поездки туда.

Я люблю Индию. Я был там тридцать раз, более раза в год с 1978 по 2003 гг. Ухудшение за всего лишь 25 лет трагично.

В 1978 г. было чудесное озеро, небольшое озеро, вблизи которого я жил. В озере валялись индийские буйволы. Вы гуляли по улицам и они не позволяли Вам проходить мимо. Движение останавливалось. Таким образом, Вы ждали, пока буйволы не решали пройтись иноходью, с удовольствием. Однажды, в 1997 г., они исчезли. Индия ушла.

В 1978 г. Вы заходили в специальный магазин и получали богатейшее чудеснейшее свежее жирное молоко, которое можно себе представить. Теперь здесь супермаркет с пастеризованным молоком, которое будет через 20 лет таким же плохим, как и сегодня.

Индия знаменита своими изумительными пряностями и очень вкусной пищей, а также прекрасными красочными платьями (сари). У нее прекраснейшая наиболее спокойная и мирная музыка в мире. Ее танцоры танцуют изысканно с тысячами специфических движений и знаков, каждый из которых передает специфическое настроение или эмоцию или смысл.

Никто никогда не превзошел ее философов в этом мире. Ее литература овладевает Вашим сердцем и склоняет Вас к состоянию невинности и изумления. Ее фестивали непревзойденны нигде в мире за их яркость и счастье. Хорошо, существует еще много-много поразительных вещей, о которых я мог бы рассказать Вам. Что Вам следует знать, так это то, что все это уходит, уходит быстро или ушло.

В прошлом, в мире не было художников, скульпторов, которые были бы лучше индийского ремесленника. Вы никогда не найдете милей, прекраснее религиозного пыла, чем в Индии.

Сегодня – грязь и сажа. В 1981 г. я ходил в храм, называемый Эллора. Это огромный храм, искусно вырезанный сверху донизу из огромной горы.

Я бывал во многих странах, видел много удивительных вещей: Китай с его великой стеной, Япония и цветущие вишни в Киото, Греция с ее горами, США с их Скалистыми горами, Индия и Гималаи, Швейцария и прекрасные озера. Также еще много прекрасных мест. Но в Эллоре я побывал на небесах. И был в трансе.

Хорошо, я сделал ошибку. Я вернулся туда в 1999 г. Там не было стражей для охраны древних скульптур (им 2500 лет), прекрасных скульптур, от рук туристов. Я никогда не вернусь туда.

Почему Индии, из всех мест, нужна охрана?

В этом мире есть два типа людей: те, которые ищут любви и красоты и те, которые сосредотачиваются на деньгах и престиже. Сегодня каждый может приехать в Индию. Человек второго типа найдет то, что они ищут. Вы можете посетить Тадж Махал.

Я был там в одном из семи чудес света. Оно огромно. Похоронный зал для персидского короля, который после строительства этого чуда зверски убил всех 10000 лучших индийских архитекторов и художников, построивших его. Или Вы можете пойти в наилучшие отели в мире. Во всех моих поездках действительно не было более роскошных отелей (с прекрасными дикими и красочными цветами и садами), недели в Бомбее и Дели.

Или Вы можете увидеть трущобы и нищету.

Для человека первого типа, в венах которого течет любовь, описанная мною, Индия отвратительна. Остальная часть этой статьи – для Вас.

Итак, позвольте мне рассказать Вам об Индии такой, какой она должна была бы быть, без влияния англичан.

Было однообразие. Ежедневная однообразная работа в сельском хозяйстве или просто выполнение своей работы. Обычные люди, занимавшиеся своими житейскими делами, просыпаются, завтракают, занимаются сельским хозяйством и так далее, точно так же, как и во всякой другой стране мира. Почтенный, много работающий, подлинный народ, боящийся Бога, точно как и во всякой другой стране мира.

Точно также, как и в Америке до того, как пришли англичане и уничтожили всех американцев в 18-м веке. Такая Индия была приятным благопристойным местом. Прекрасная сельская местность и люди с мастерством и интеллектом, а также честью и гордостью. Если Вы хотите посетить Индию, наилучшей вещью будет посещение Вами своей сельской местности и посмотреть остатки того, что нравилось Индии.

Другая Индия была жульничеством. Показухой. Кое-что, разумеется, что было хорошим для туристов. «Великие» йоги и «святые» и «мудрецы», которые с великим интеллектом и гордостью дурачили публику и злоупотребляли верой людей, достаточно глупых, чтобы верить в них.

С такой Индией мужчины и женщины смеялись и притворялись хорошими и тратили время то, чтобы ничего не делать, кроме как говорить «Хари» и слоняться к храмовой статуе 10 раз в день. Звучит хорошо, в отличие от слушания тяжелой трудовой жизни в сельской местности, но эти люди ничего не добились. Они не помогали другим, кроме как показывать миру, какими хорошими они могут претворяться.

Используя каждый стимул развить в этом другую Индию, многие ученые и философы потратили годы учебы и с примерно 500 г. до н.э. Индия стала философской столицей мира. Каждая культура берет свое начало в 5 основных философиях Индии: персидская, греческая, римская, христианская и, сегодняшняя, американская.

Математика произошла из Индии. Грамотность произошла из Индии. Греческая философия была похищена из Индии. Буддистская философия пришла из Индии и буддисты затем путешествовали по миру и обратили всех в Китае и Японии в Буддизм. Слово «Христос» является искажением персидского слова «Кришна» и центральные догматы христианства можно найти в учениях Санкара в его поздней жизни.

Итак, что о моей Индии? Там, где люди любят Бога всем сердцем и поклоняются Ему из любви, а как лицемерие или из страха.

Как Вы можете посетить мою Индию? Вам нужно начать с обещания служить гуманизму. А затем честно выполнять это обещание. А затем однажды, может быть Бог позволит Вам посетить Его.

Мои работы

Я написал 42 книг, которые приведены ниже. Каждое слово во всех книгах пришло непосредственно от Бога Шри Кришна. Но современному западному уму эти книги часто не по вкусу. То что в них говорится кажется иногда смешным. Иногда абсурдным. Но если каждую фразу внимательно рассмотреть медитативным путём, можно набрать багаж правды, который поможет вам в жизни. Например, если взять мою книгу «Совершенствование своей сферы эмоциональной энергии», и просто смотреть в течение 3 минут на мою картину, представленную на обложке, то волнение вашей эмоциональной энергии (после того, как вы были расстроены, грубость, злость и т.п.) будет излечено. Я не думаю, что в чём-нибудь ошибся, передавая то, что сказал мой Бог.

Что представляет сегодня западный мир? Весь мир сегодня западный. Так что, когда я говорю «предвзятый западный ум», я рискую изменять весь мир. Таково моё внутреннее существо или существо Бога. Хотя в этом проекте Он кажется делает доброе дело.

Книга шуток (A Book of Jokes), ISBN: 978-1-4092-9071-1

Приятные, не сексуальные и не расистские шутки.

Руководство мужчины по достижению любви и счастья (A Man' s Guide to Developing Love and Happiness), ISBN: 1-4121-5210-0

Я показываю и мужчинам и женщинам, что счастливую жизнь можно вести более спокойным путём, чем вам кажется.

Астрология и анализ снов (Astrology and Dream Analysis), ISBN: 978-1-4092-9024-7

Ваше астрологическое число. Послания из ваших снов. Система Аллаха.

Моя автобиография (Autobiography of me), ISBN: 978-1-4092-8654-7

Кто я действительно такой.

Христианство (Christianity), ISBN: 978-1-4092-9112-1

Почему всё зло мира начинается отсюда. Почему это сейчас уже история.

Экономика (Economics), ISBN: 978-1-4092-9137-4

Оригинальный практический взгляд на эту старую «науку».

Заключительные размышления (Final Thoughts), ISBN: 978-1-4092-8953-1

Здесь подытоживаются наиболее практичные из всех мудрых идей, которые необходимы, чтобы вести здоровую, счастливую, заполненную радостной любовью жизнь.

Будущий мир (Future World), ISBN: 978-1-4092-9058-2

Какова разумная оценка главных факторов, которые будут влиять на вас в течение следующих 20 лет?

Бог (God), ISBN: 978-1-4092-8918-0

Предсказания. Решать следует вам.

Здоровье (Health), ISBN: 978-1-4092-9052-0

Что такое «делать». Что делать. Что не делать.

Как учить своего ребёнка английскому языку (How to Teach Your Child English), ISBN: 978-1-4092-9135-0

Лучший метод.

Как учить своего ребёнка общим знаниям (How to Teach Your Child General Knowledge), ISBN: 978-1-4092-9104-6

Большая часть из того, что он учит, ему не требуется. Здесь говорится о том, что ему требуется.

Как учить своего ребёнка математике (How to Teach Your Child Maths), ISBN: 978-1-4092-9103-9

Полный курс математики, простым образом изложенный математиком.

Набор инструментов человека для самоанализа (Human Being Self Analysis Kit), ISBN: 1-4121-5380-8

Насколько хорошо работают ваши половые органы, тело, эмоциональный центр и ум?

Индийский брак (Indian Marriage), ISBN: 1-4121-5321-2

Как достичь долговременного счастливого супружества?

Индийская философия и религия (Indian Philosophy and Religion), ISBN: 1-4121-5211-9

Индийская философия помогает достичь цели в жизни.

Уроки от животных (Lessons from Animals), ISBN: 978-1-4092-8897-8

Ваша иммунная система серьёзно повреждена. Почему это не происходит у диких животных?

Естественная медицина (Natural Medicine), ISBN : 1-4121-4384-0

Что вам поможет, а что – нет.

Оксфордский университет (Oxford University), ISBN: 978-1-4092-9098-8

В этом мире только швейцарские университеты могут быть хуже. Почему важно это знать.

Люди без одежды (People with no Clothes), ISBN: 1-4121-5365-4

Почему Бангалоре, Индия, является местом, которое существовало 50.000 лет назад.
Сколько у них было детей?
Где сегодня люди без одежды?

Совершенствование своей сферы эмоциональной энергии (Perfecting Your Emotional Energy Sphere), ISBN: 1-4121-5164-3

Вам требуется справиться с корневой причиной, единственной эмоциональной болезнью, которая пагубно действует на вас.

Совершенствование своей сферы энергии любви (Perfecting Your Love Energy Sphere), ISBN: 1-4121-5169-4

Любовь необходимо искать. В эту эпоху она не падает с неба. Она требует и усилий, и времени.

Совершенствование своей сферы умственной энергии (Perfecting Your Mental Energy Sphere), ISBN: 1-4121-5165-1

Совершенный ум поглощает информацию, которая вам нужна, беспристрастно её анализирует и затем принимает решение.

Совершенствование своей сферы физической энергии (Perfecting Your Physical Energy Sphere), ISBN: 1-4121-5167-8

Является ли ваше тело сильным здоровым и находится ли в хорошей форме? Довольны ли вы состоянием своего тела?

Совершенствование своей сферы сексуальной энергии (Perfecting Your Sexual Energy Sphere), ISBN: 1-4121-5163-5

Вам требуется активная половая жизнь со своим супружеским партнёром. Какие шаги необходимо предпринять, чтобы достичь этого?

Поэмы и песни (Poems and Songs), ISBN : 978-1-4092-8831-2

Поэзия – это проза, которая звучит в рифму. Здесь несколько красивых поэм и песен.

Физика (Physics), ISBN: 978-1-4092-9114-5

Абсурд в современной физике. Настоящие законы физики.

Наука (Science), ISBN: 1-4121-5235-6

Новые отрасли науки, предназначенные помочь миру.

Шримад Бхагавад Гита и комментарий (Shrîmad Bhagavad Gîtå and Commentary), ISBN: 978-1-4092-8758-2

Забудьте о других переводах и комментариях. Этот перевод предназначен для вас.

Духовное и религиозное путешествие (Spiritual and Religious Journey), ISBN: 1-4121-5206-2

Все ваши энергетические сферы должны быть удовлетворены. Необходимо начать со своей сексуальной энергии.

Рассказы для детей (Stories for Children), ISBN: 978-1-4092-8990-6

Занимательные рассказы, которые заставляют забыть о телевизоре, компьютерах и других ужасах современности.

108 голов Господа Патанджали (The 108 Heads of Lord Patanjali), ISBN: 1-4121-5160-0

Пользуясь простой математической логикой, я показываю, что Йога-Сутры представляют собой ловушку для учёных.

Восемь священных писаний Индии (The Eight Sacred Texts of India), ISBN: 1-4121-5162-7

Я показываю, что писания были тщательно продуманы, чтобы впечатлить и воздействовать на персидских правителей Индии.

История Мира (The History of the World), ISBN: 1-4121-5166-X

С самого начала Вселенной для всей её истории присутствует единственная причина.

Психология разума (The Psychology of the Mind) , ISBN: 978-1-4092-9042-1

Господин западный психолог, неужели основа моего разума подобна основе разума Ейнштейна или Сталина? Он не знает. В этой книге я представляю оригинальные идеи о том, как вы можете познать себя.

Западная философия (Western Philosophy), ISBN: 1-4121-5207-0

Я подытоживаю, что это такое.

Что следует знать мужчинам о христианских женщинах (What Men Should Know about Christian Women), ISBN: 1-4121-5450-2

Два типа женщин. Обоим типам женщин требуется любовь. Эта книга рассказывает, как любить женщину одного из этих типов.

Что делать со свиным гриппом и другое (What to do about Swine Flu and Other Matters), ISBN 978-1-4092-9077-3

У меня есть противоядие.

Обнажённая женщина (Women laid bare), ISBN: 978-1-4092-8960-9

Предназначение женщин. Их функциональность. Их композиция(и).

Йога (Yoga), ISBN: 1-4121-5161-9

Упражнения йогой, дыхательные упражнения и медитация несут много вредных эффектов.

Йога: по Айенгару, Часть II (Yoga: The Iyengar Way, Part II), ISBN: 978-1-4092-9089-6

Что такое позы, и когда их нужно принимать.

Вы сами и ваш ум (Your Self and Mind), ISBN: 1-4121-5208-9

Сегодня и сам человек и его ум работают неправильно. Я объясняю как можно помочь себе.

Эти книги можно приобрести у большинства книготорговцев. Книги изданы на английском языке и готовятся к изданию на арабском, бенгальском, китайском, мандаринском, французском, немецком, итальянском, португальском, русском и испанском языках.

Многие из моих картин представлены на моём вэб-сайте:
www.lovingheartcentre.net/MyPaintings.htm

Шям Мехта, Центр Любящего Сердца
www.lovingheartcentre.net

Шям занимается йогой с 1957 года, а преподаёт её с 1973 года.

Он получил христианское воспитание в Англии.

В Кэмбриджском университете он начал интересоваться философией йоги и индуизмом.

Позже он снял вою индусскую священную нить, с целью полностью посвятить свою жизнь помощи всем добрым людям становиться счастливыми.

В своей жизни Шям обрёл разнообразный духовный опыт, и каждое мгновение, свободное от сна, он поклоняется Богу.

Индийская философия предназначена помочь Вам в достижении цели Вашей жзни. Она говорит Вам, что нужно знать в Вашем религиозном совершенствовании.

В такой день всякому не хватает руководства. Если в изобилии «информация», но она в большинстве своем неуместна или неправильна. Ваши родители и учителя не учат Вас тому, что Вам нужно знать.

Достигнуты заключения, что Вам следует помогать хорошим людям, которых Вы встречаете, становиться счастливыми. В этом Ваша цель жизни.

www.ingramcontent.com/pod-product-compliance
Ingram Content Group UK Ltd.
Pitfield, Milton Keynes, MK11 3LW, UK
UKHW041916190726
13854UKWH00003B/1266